電子レンジで簡単！
ひんやり夏和菓子

鳥居満智栄

淡交社

身体を元気に、滋養たっぷり
見た目も楽しい夏和菓子

　和菓子は、食べるものでありながら、伝統文化や芸術性、季節感、物語、作り手の思い、受け手の思いが小さな一つの世界に凝縮し、表現されています。中でも、寒天や葛を使った夏にいただくひんやりとした和菓子は、暑さを吹き飛ばしてくれる元気のもととなります。そしてなんといっても日本の自然の中で育まれてきた素材を使って乳製品や脂肪分を使わずに、とてもシンプルにつくられている自然の恵みをいただく滋味深いお菓子です。

　ことに本書では、食欲がなくなる暑い夏だからこそ、喉ごしがよく、食欲がなくても身体にするっと入って活力がわく和菓子を、素材の持ち味を活かしつつ楽しいデザインで紹介しています。主になる素材は海藻から抽出された寒天やアガー、山野に産する植物・葛の根からとり出す吉野本葛、蕨粉……。古来、食材として日本人が料理にそしてお菓子に素材の持ち味を閉じ込めたりしながら使い続けてきた貴重な素材です。100年先にもこの素材を同じように使ってお菓子ができることを願っています。

　アイデア次第で無限の可能性を秘めている和菓子。特に透明感やキラキラ感、喉ごしを意識して鳥居流のアレンジ満載のお菓子をご紹介いたします。和菓子は基本的にあまり冷蔵庫に入れませんが、本書では、ひんやり冷やして食べられる、見た目にも物語性があるお菓子をメインに、身近にある道具を使って、電子レンジで簡単にできる方法をご紹介しています。ひんやりとした食感、涼しげな見た目、喉ごしの爽やかなできたての夏和菓子をご家庭で楽しんでみてください。

電子レンジで簡単！
ひんやり夏和菓子
目次

見た目も楽しい夏和菓子　　2

夏和菓子づくりの前に

● 和菓子は、手をじかに使ってつくるお菓子です。道具類も含め、いつでも清潔に消毒液で消毒しながらつくりましょう。

● 材料は、すべてつくりやすい分量です。また、流し缶や流し型でつくるお菓子の個数は、あくまでも目安です。盛りつける器の大きさなどによって、調節してください。

● レシピにある電子レンジの加熱時間は、600Wの場合の時間の目安です。電子レンジは個々に差がありますので、時間は材料の様子をみながら調整してください。

● 流し缶など生地を流し込む容器は、使用直前に内側をさっと濡らしておきましょう。

夢の器	器ごと食べられる寒天	6
人魚の涙	ツルッと一口	8
天女の羽衣	白きくらげ入りのチャイニーズ	10
雨音	レモンティーほのかに	12
レトロなチェリー	大人のチェリーブランデー風味	14
雪中花	白いレンコンの雪に閉じ込めた花	16
シーグラス	夏こそ爽快に	18
クリスタルジュエリー	ふわツル感がたまらない	20
クリスタルケーキ	口中で弾けるサイダー	22
モザイクガラス	外はシャリっと	24
金魚	見た目に夏！	26
SNOWドーム	夏の雪だるま	28
ストロベリー生羊羹	フレッシュ感あふれる生羊羹	30
清流	異なった素材で爽やかに	32
イチジク羹	定番の美味しさ	34
ハーバリウム	幸せの飲むゼリー	36
春の雪	ほのかに香る甘酒の春	38

伝統的な素材を守ることは、未来へつなぐこと　　　　　40

夏牡丹	涼を誘うカラフルな葛まんじゅう	42
琥珀羹	ほうじ茶でスッキリと	44
夏衣	目からの涼しさ	46
葛焼き	夏の滋養	48
水鉢	和菓子にうつす夏の風情	50
みぞれ羹	真夏の雪は道明寺が降らす	52
蕨もち	独特の食感をたのしむ	54
桜羹	春を食す	56

夏和菓子の基本

素材の基礎知識と扱いかた	58
ねりきり生地のつくりかた	61
材料	62
道具	63

撮影／福田栄美子　　スタイリング／鳥居満智栄　　デザイン／堀内仁美

夢の器

器ごと食べられたらと、試行錯誤を重ねた寒天のカップ。パーティーで盛り上がること、間違いなし！

材 料 …寒天の器4コ（プリンカップと小さいカップ6号を4つずつ）

〈寒天液〉
粉寒天　　　　　　2g
水　　　　　　　200cc
上白糖　　　　　100g

〈お好みのフルーツ〉
キーウィ・パイナップル・
いちご・ベリー・ミントなど

準 備
◆ カップに入れるフルーツを準備する。

＊器を変えれば、いろんなかたちで寒天の器ができます。大きさによって、寒天液の量を調整してください。

つくりかた

1　ボウルに分量の水を入れ寒天を振り入れて5分ほど置く。電子レンジで3分加熱して寒天を沸騰させて溶かす。沸騰が足りなければ、再加熱して溶かす。

2　1に上白糖を入れて混ぜ、レンジで30秒加熱してよく溶かす。

3　大きめのボウルに氷水を入れて寒天液の入ったボウルの底をつけて静かに混ぜながら人肌まで冷ます。プリンカップ1コあたり約50ccを注ぎ、その上から水を入れた小さなカップを沈めて、寒天液がプリンカップの口ギリギリになるまで内側のカップに水を足して調節し、両サイドに箸を置いて安定させて冷やして固めるⓐ。

4　固まったらカップを少しずつ動かして重ねたカップの間に空気を入れて内側のカップを抜くⓑ。

5　寒天の器にお好みのフルーツを飾る。

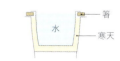

水　　箸
　　　寒天

人魚の涙

透明感とともに
丸くてつるんと食べやすいフレッシュフルーツ。

材料 …グラス2つ（丸型製氷皿1コ）

〈アガー液〉
アガー	6g
い・ろ・は・す たっぷりれもん	150cc
上白糖	20g

〈お好みのフルーツ〉
キーウィ・パイナップル・いちご・グレープフルーツなど

準備
- アガーと上白糖をボウルに入れ、よく混ぜておく。
- フルーツは、約15ミリの角切りにする。

つくりかた

1. アガーと上白糖を混ぜたものに、少しずつ「い・ろ・は・す たっぷりれもん」を入れてダマにならないようによくかき混ぜてから電子レンジで1分加熱しかき混ぜる。これを繰り返して透明になって泡がプツプツと立ち始めたら取り出し、よく混ぜて溶かす。
2. 大きめのボウルに氷水を入れてアガー液の入ったボウルの底をつけて静かに混ぜながら人肌まで冷ます。
3. 製氷皿に、2のアガー液の半量を流し込み、カットしたフルーツを浮かないように真ん中に入れる ⓐ。固まりかけたところに残りの液を静かに注いで ⓑ、上蓋をする。上の穴から液が吹き出すぐらいに、ぴったりと押す ⓒ。
4. 氷水を入れたバットで冷やして固め、上蓋をはずして優しく取り出してグラスに盛りつける。

※かたちがくずれて割れる原因になるので、フルーツは真ん中に入れるようにしましょう。
※アガー液が注ぐ前に固まってきたら、湯煎するか電子レンジで少し加熱しましょう。

天女の羽衣

天女の白い羽衣はコラーゲンたっぷりの白きくらげ。
キンモクセイがほんのり香る優しい甘さに。

材 料 …6切れ（流し缶 約7.5×12×4.5cm）

〈寒天液〉
粉寒天　　　　2g
水　　　　　260cc
上白糖　　　120g
桂花陳酒　　 40cc

白きくらげ（乾燥）　　4g
（上白糖　15g）

準 備

◆ 白きくらげをたっぷりの水に20分ほどつけて戻すA。石づきを取り、大きければ一口サイズにちぎり、鍋に白きくらげが隠れるほどの水と上白糖を入れ、柔らかく煮る。

A

つくりかた

1　ボウルに分量の水を入れて寒天を振り入れ5分ほど置く。電子レンジで3分加熱して寒天を沸騰させてよく溶かす。沸騰が足りなければ、少し時間を足して沸騰させる。

2　1に上白糖を入れて混ぜ、レンジで30秒加熱してよく溶かす。

3　大きめのボウルに氷水を入れて寒天液の入ったボウルの底をつけて静かにかき混ぜながら人肌に冷まし、桂花陳酒を入れて混ぜる。とろみが出てきたら白きくらげを入れてさっと混ぜ込んで流し缶に流し入れる。

4　冷やして固め、取り出して6等分に切り分ける。

＊きくらげには、「不老長寿」「強壮」の効用があります。さらに胃をいたわり、身体全体を潤して肌をプルプルにしてくれるコラーゲンもたっぷり含まれています。

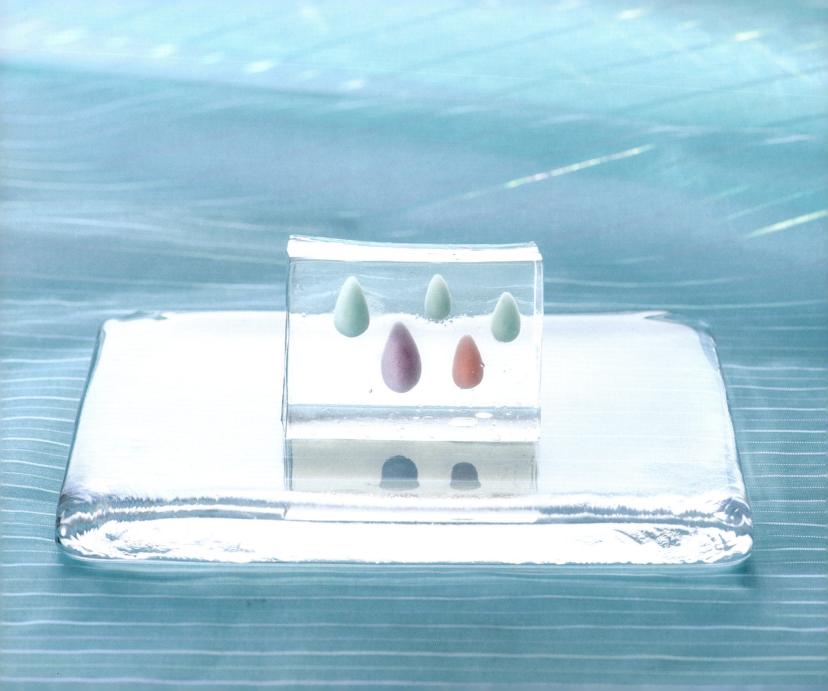

雨音

梅雨の季節は、気持ちが明るくなる楽しい和菓子で。透明感のあるアガーは水の表現にぴったり。レモンティーのほんのりとした風味が爽やかです。

材 料 …8切れ（流し型 11.5 × 15 × 5cm）

〈アガー液〉
アガー	16g
サントリー天然水 PREMIUM MORNING TEA レモン	400cc
上白糖	80g
ねりきり生地	15g
色粉（青・赤・紫）	少々

準 備
- サイズの目安となる型の下に敷く紙を準備する。
- アガーと上白糖をボウルに入れ、よく混ぜておく。
- ねりきり生地（61頁参照）をそれぞれの色に染め、合わせて30個ほどに丸めて片方を人差し指で転がし、涙型をつくっておく。

つくりかた

1 アガーと上白糖を混ぜたものに少しずつ「PREMIUM MORNING TEA レモン」を入れ、電子レンジで2分→2分→1分と加熱し、そのつど取り出してかき混ぜる。プツプツと泡が立ち始めたらレンジから取り出してよく混ぜて溶かす。

2 流し型に5ミリほど流し入れ、少し固まりかけたところに ⓐ涙型のねりきりを配置し ⓑ、アガー液を静かに少し流し入れる。これを3回ほど繰り返して涙型のねりきりを複層的に配置し、冷やして固める ⓒ。

3 取り出して8等分に切り分ける。

＊涙型のねりきりで階層をつくることにより、奥行きのある表現になります。時間がなければ、階層をつくらずに1層でもよいでしょう。

＊アガー液は固まらないように湯煎にかけておくか、固まってきたら数秒電子レンジで加熱して溶かすとよいでしょう。

レトロなチェリー

幼い頃はパフェのチェリーは宝物。そんな淡い思い出から、生まれたチェリー味の寒天は、アルコールの入った大人の味わいです。

材料 …8コ（おかず用カップ6号 16枚）

〈寒天液〉
粉寒天	2g
水	170cc
上白糖	70g
チェリーブランデー	30cc
色粉（赤）	少々
ナポレオンチェリー	8個

準備
- おかず用カップ2枚を重ねておく A。
- ナポレオンチェリーを取り出して水気をとっておく。

A

つくりかた

1 ボウルに分量の水を入れて寒天を振り入れ、5分ほど置く。電子レンジで2分加熱して寒天を沸騰させてよく溶かす。沸騰が足りなければ、少し時間を足して沸騰させる。

2 1に上白糖を入れて混ぜ、レンジで30秒加熱してよく溶かす。

3 大きめのボウルに氷水を入れて寒天液の入ったボウルの底をつけ、静かにかき混ぜながら人肌まで冷まし、チェリーブランデーを注ぎ入れて混ぜる。色味が足りなければ、赤色粉を少量の水で溶いて入れる。

4 おかず用カップに、8分目量をそっと注ぎ入れる a 。

5 少し固まりかけたら、チェリーをのせて冷やして固め、固まったらカップからはずして b 、盛りつける。

a

b

※カップは1枚だと寒天液を入れた際にひろがって型くずれするため、2枚重ねにします。
※お子様やお酒に弱い方の場合は、いちごのかき氷シロップでつくっても楽しいでしょう。
※カップの外側はぬらさないように注意しましょう。

雪中花

花の上に積もる季節はずれの雪の様子から生まれました。
シャキシャキとしたレンコンは思いがけない舌ざわりです。

材　料 …6切れ（流し缶 11 × 14 × 4.5cm）

〈寒天液〉
粉寒天	2g
い・ろ・は・す りんご	300cc
上白糖	100g
水あめ	大さじ1
れんこん	70g

エディブルフラワー　6つ

準備

◆ れんこんは皮をむいてしばらく水にさらしてアクを抜く。水気をふいて、目の粗いおろし金ですりおろすA。

つくりかた

1　ボウルに分量の「い・ろ・は・す りんご」を入れて粉寒天を振り入れ、5分ほど置く。

2　電子レンジで3分加熱して、さらに泡が立つまで約1分レンジで加熱し、寒天をよく溶かす。

3　上白糖を加え、さらにすりおろしたれんこんを加えて混ぜ、レンジで約30秒加熱する。

4　3に水あめを加えて混ぜる。

5　大きめのボウルに氷水を入れて寒天液の入ったボウルの底をつけて静かにかき混ぜながら人肌に冷ます。

6　流し缶に流し入れ、少し固まりかけたらエディブルフラワーを散らして冷やして固め、取り出して6等分に切り分ける。

＊エディブルフラワーとは、食べられるお花のこと。最近では、お料理のあしらいなどにも利用されています。浮かびやすいので、菜箸や竹串の先でそっと沈ませます ⓐ

シーグラス

透明でキラキラしていて涼感たっぷり。
ペパーミント味ですっきりと。

材　料　…グラス2コ（8×11cmの豆腐ケース1コ）

〈アガー液〉
アガー	6g
水	150cc
上白糖	50g

ミントリキュール	30cc

準　備
◆ アガーと上白糖をボウルに入れ、よく混ぜておく。

つくりかた

1　アガーと上白糖を混ぜたものに少しずつ水を入れてダマにならないように溶かし、電子レンジで1分→1分→30秒と加熱し、そのつど取り出してかき混ぜる。泡が立ち始めたらレンジから取り出してよく混ぜる。

2　大きめのボウルに氷水を入れ、アガー液の入ったボウルの底をつけて静かに混ぜながら人肌に冷まし、ミントリキュールを加えて混ぜたアガー液を容器に流し込んで冷やして固める❶。ガラスの破片のように切って❷グラスに盛りつける。

クリスタルジュエリー

カラフルな寒天を真っ白な淡雪羹に散りばめ、和菓子でありながら和菓子でないような強烈な印象にしてみました。

材料 …6切れ（流し缶 約7.5×12×4.5cm、7×7cmの豆腐ケース 4コ）

〈淡雪羹〉
- 粉寒天　　　　　　　　2g
- 水　　　　　　　　　120g
- グラニュー糖　　　　100g
- 水あめ　　　　　　　 10g
- 卵白　　　　　　　　1コ分
- （グラニュー糖　10g）
- 乳酸飲料　　　　　　大さじ1
- レモンの皮のすりおろし1/4コ分

〈カラー寒天〉
- 粉寒天　　　　　　　　2g
- 水　　　　　　　　　250cc
- グラニュー糖　　　　 50g
- かき氷シロップ　　　　少々
- （緑・赤・黄・青）

準備

◆ カラー寒天をつくっておきます。

ボウルに分量の水を入れて寒天を振り入れ、5分ほど置き、電子レンジで3分加熱して寒天液を沸騰させてよく溶かす。沸騰が足りなければ、少し時間を足して沸騰させる。ここにグラニュー糖を入れて混ぜ合わせ、レンジで30秒加熱してよく溶かして4つの豆腐ケースに等分に入れる。それぞれに適量のシロップを加えて色をつけ、冷やし固めてランダムに切ってA、流し缶にすき間を空けながら約半分量をランダムに並べておく。

A

つくりかた

1. ボウルに分量の水を入れて寒天を振り入れ、5分ほど置き、2分加熱して寒天液を沸騰させてよく溶かす。沸騰が足りなければ、少し時間を足して沸騰させる。

2. 1にグラニュー糖を入れてよく溶かし、レンジで30秒加熱してよく溶かし、水あめを加えてさらに混ぜる。

3. ボウルに卵白を入れて攪拌機で泡立て、卵白用のグラニュー糖を少し入れて攪拌し、残りを入れてツノが立つまで泡立てる❶。

4. 3に寒天液を少しずつ入れて固まらないように攪拌機でいっきに混ぜ込み、乳酸飲料とすりおろしたレモンの皮を入れホイッパーにかえてとろみがつくまで混ぜる。

5. カラー寒天を散らした流し缶に4をゆっくり流し込み❷、残りのカラー寒天を散りばめならして冷やし固め、取り出して切り分ける。

❶

❷

＊淡雪羹は固まるのが早いので、手早く作業するようにしましょう。

クリスタルケーキ

口の中でシュワっとはじける感じが不思議。サイダーを閉じ込めて。

材料 …4コ（6cmカップ 4コ）

〈寒天液〉
粉寒天	2g
水	150cc
上白糖	40g
サイダー	150cc
レモンの絞り汁	大さじ1

〈飾り用フルーツ〉
キーウィ	適量
いちご	適量
ミント	適量
銀箔	適量

準備
◆ 飾り用のフルーツをカットする。

つくりかた

1 ボウルに分量の水を入れ寒天を振り入れて5分ほど置く。電子レンジで2分加熱して寒天を沸騰させてよく溶かす。沸騰が足りなければ、少し時間を足して沸騰させる。

2 1に上白糖を入れて混ぜ、レンジで30秒加熱してよく溶かす。

3 大きめのボウルに氷水を入れて寒天液の入ったボウルの底をつけてゆっくり混ぜながら人肌に冷まし、レモンの絞り汁を加える。

4 3にサイダーを加えて泡が消えないようさっと混ぜる ⓐ。

5 カップにそっと流し込み ⓑ、冷水を入れたバットで冷やして固める。カップから取り出してお好みのフルーツと銀箔を飾って盛りつける。

＊泡が消えないように、早くに固めましょう。

モザイクガラス

シャリ感と透け感のある、涼やかな寒天のお菓子

材料 …6枚（7×7cmの豆腐ケース 4コ）

粉寒天	4g	かき氷シロップ	少々
水	160cc	（緑・赤・青）	
グラニュー糖	240g		

＊ランダムに切り分けるなど、切りかたを変えてもよいでしょう。

つくりかた

1. ボウルに分量の水を入れて寒天を振り入れ、5分ほど置く。電子レンジで30秒加熱してかき混ぜ、これを繰り返して、泡が立つまでしっかり溶かす。
2. 1にグラニュー糖を加えて混ぜ、レンジで30秒加熱してよく溶かす。吹きこぼれる直前まで加熱して取り出して混ぜ、30秒ずつ4回繰り返し、糸を引くまで煮つめる。
3. 2を4つの豆腐ケースに流し入れ、それぞれにかき氷シロップで色つけし、固まるまで待つ。
4. 3が固まったら取り出し、包丁で切り分けて完全に乾かないうちにステンドグラスのように組み合わせつけ ⓐ 乾かす。
5. オーブンシートの上に並べて2〜3日自然乾燥させ ⓑ、表面がうっすらシャリっと固まればできあがり。

＊すぐに泡が立ちますので、あふれないようにレンジから離れずに作業してください。
＊かき氷シロップが手に入らない場合は、香りはリキュール類でつけ、色は色粉でつけてもよいでしょう。
＊固める容器としては豆腐ケースのように内側がツルツルしていて中身が取り出しやすいものがよいでしょう。

金魚

夏ならではの金魚を閉じ込めたお菓子。
水の中で泳ぐ金魚が涼しげです。

材　料　…6コ（流し型 11×15.5×5cm、丸抜き型 直径5cm）

〈アガー液〉		ねりきり生地	18g
アガー	16g	色粉（赤）	少々
い・ろ・は・す みかん 日向夏＆温州	400cc	黒ゴマ	6個
上白糖	130g	青海苔	少々

準　備

◆ 金魚と石を配置するために、抜き型の下図をつくっておく。

◆ アガーと上白糖をボウルに入れ、よく混ぜておく。

◆ ねりきり生地（61頁参照）を半分にして青海苔をまぜ、6等分して丸めて石をつくる。残りの生地を少量の水で色粉（赤）を溶いて赤色に染め、6等分し俵型をつくる。1/3のところを竹串でつまみ A、片方の端を包丁で二箇所切り、尾ひれ部分をつまんでかたちを整え B、尾ひれをつくる。黒ゴマを竹串の頭につけての目をつける C。

A　　　　　B　　　　　C

つくりかた

1　アガーと上白糖に少しずつ「い・ろ・は・す みかん」を入れてダマにならないように溶かし、電子レンジで2分→2分→1分と加熱し、そのつど取り出してかき混ぜる。泡が立ち始めたらレンジから取り出してよく溶かす。

2　人肌に温度が下がったら流し型に5ミリほど入れ、表面が固まりかけたところで金魚と石をそっと置き ⓐ、残りの液をそっと流し込んで冷やして固める。

3　固まったら、型から取り出し丸抜き型で抜き、立てるために下部をカットする。

ⓐ

＊アガー液は固まらないように湯煎にかけておくとよいでしょう。湯煎にかけない場合は、固まってきたら、数秒間電子レンジに入れて溶かします。

SNOWドーム

道明寺粉が雪のように舞う、食べるSNOWドーム。

材料 …2コ（もずく酢カップ2コ）

〈透明アガー液〉
- アガー　4g
- い・ろ・は・す白桃　110cc
- 上白糖　30g
- 道明寺粉　1g
- （水　小さじ1）

〈白いアガー液〉
- アガー　2g
- 牛乳　40cc
- 上白糖　10g

〈雪だるま〉
- ねりきり生地　20g
- 黒ゴマ　4粒
- 色粉（赤・青・黄）　適量

準備

◆ それぞれのアガーと上白糖をボウルに入れ、よく混ぜておく。

◆ 道明寺粉に分量の水を入れ、水分がなくなるまで約5分置いてふやかす。

◆ ねりきり生地（61頁参照）をボタン用にほんの少し取り分け、水で溶いた色粉でピンク・ブルー・黄色に染めて各2コずつ丸める。残りの生地を雪だるま用に大小2つずつに丸めて大小で重ねて雪だるまにし、ボタン用に丸めた生地を胸につける。黒ゴマを竹串の頭につけて雪だるまの目の位置につける。

つくりかた

1. 透明アガーは、よく混ぜたアガーと上白糖に分量の「い・ろ・は・す 白桃」を少しずつ入れて溶かし、ふやかした道明寺粉を入れて電子レンジで1分加熱する。かき混ぜてからさらに1分加熱し、泡が立ち始めたら取り出してよく溶かす。

2. カップに1の透明アガー液を少量流し入れ、固まりかけたらねりきり生地でつくった雪だるまを逆さにしてそっと入れ、残りのアガー液を縁より少し手前まで注ぐ。

3. 白いアガーは、よく混ぜたアガーと上白糖に分量の牛乳を少しずつ入れて溶かし、電子レンジに20秒弱かけてかき混ぜてよく溶かす。手早く2のカップに入れて固める。

4. 固まったら、ひっくり返して取り出す。

＊2の残りのアガー液はそのまま入れると道明寺粉が沈んでしまうので、氷をはったボウルで冷やして、対流がゆっくりになってから流し入れるのがポイントです。

ストロベリー生羊羹

半ナマの食感がたまらない、真っ赤ないちごと合わせた白い羊羹。

材料 …6コ（流し缶 11 × 14 × 4.5cm）

〈羊羹生地〉
粉寒天	2g
水	200cc
白あん	300g
コンデンスミルク	大さじ2

いちご 中4粒＋上白糖 大さじ2
（総量約150g）

準備

◆ いちごを5ミリの角切りにする。上白糖をまぶしA、電子レンジで1分ほど加熱し、半ナマ状態で止めるB。

A

B

つくりかた

1　ボウルに分量の水を入れ寒天を振り入れて、5分ほど置く。電子レンジで3分加熱して寒天を沸騰させてよく溶かす。沸騰が足りなければ、少し時間を足して沸騰させる。

2　1に白あんを加えよく溶かし、さらにコンデンスミルクを入れて混ぜ、羊羹生地をつくる。

3　大きめのボウルに氷水を入れて羊羹生地の入ったボウルの底をつけてゆっくり混ぜながら人肌まで冷まして流し缶に流し入れ、上から半ナマ状態のいちごをそっと流し込んで ⓐ さっくり混ぜて冷やし固め、取り出して切り分ける。

ⓐ

＊いちごが半ナマなのでなるべく早く、2日以内に食べてください。

清流

緑茶の清涼感の中に清流の流れや青々とした藻の表現に春雨を使ってみたところ、思いがけない効果と食感が生まれました。

材 料 …6コ（流し缶 11×14×4.5cm、丸抜き型 5cm）

〈寒天液〉
粉寒天	3g
緑茶	320cc（茶葉 10g）
上白糖	140g
乾燥春雨	7g

準 備
- 春雨を沸騰したたっぷりの湯で8分ほど茹で、柔らかくなったらザルにあげて湯切りしておく。
- 茶葉10gに湯をそそいで濃い目の緑茶を320cc準備する。

つくりかた

1. ボウルに入れた人肌に冷ました緑茶の中に寒天を振り入れ5分ほど置き、電子レンジで3分加熱して寒天を沸騰させてよく溶かす。沸騰が足りなければ、少し時間を足して沸騰させる。
2. 1に上白糖を入れて混ぜ、レンジで30秒加熱してよく溶かす。
3. 大きめのボウルに氷水を入れて寒天液の入ったボウルの底をつけて静かに混ぜながら人肌に冷まし、とろみが出てきたら春雨を入れる。
4. 流し缶に入れて粗熱がとれたら冷やして固めⓐⓑ、取り出して丸抜き型で抜く。出ている春雨は引っ張り出す。

※きれいな緑にしたければ、お茶をいれるときに茶葉をクッキングペーパーなどで漉して取り除きましょうA。
※抜き型は、お好みのかたちで。

ⓐ

ⓑ

A

イチジク羹

かたちが面白く、色と味も大好きなイチジクを
食感を楽しみながらつるんと食べられる寒天に閉じ込めました。

材　料　…6切れ（流し缶 11×14×4.5cm）

〈寒天液〉
- コンポートの煮汁と水　400cc
- 粉寒天　3g
- 上白糖　50g

〈イチジクのコンポート〉
- イチジク　3〜4個
- グラニュー糖　30g
- レモンの絞り汁　大さじ2

準　備

◆ イチジクのコンポートをつくっておきます。
イチジクの皮をむかずに縦半分に切って断面を上にして容器に入れ、グラニュー糖とレモンの絞り汁を上からふりかけA、フタをして電子レンジで3〜5分加熱する。やわらかくなって果汁が出てきたらイチジクを取り出しておく。煮汁は、寒天液に使う。

A

つくりかた

1. コンポートの煮汁と水を総量400ccにしてボウルに入れる。ここに寒天を振り入れ5分ほど置き、電子レンジで3分加熱する。沸騰が足りなければ、1分加熱して寒天を沸騰させよく溶かす。
2. 1に上白糖を入れて混ぜ、レンジで30秒加熱してよく溶かす。
3. 大きめのボウルに氷水を入れて寒天液の入ったボウルの底をつけてゆっくり混ぜながら人肌に冷ます。寒天液を少し入れて、イチジクのコンポートを下向きにして入れ、残りを流し缶にそっと流し入れて ⓐ 冷やして固め、切り分ける。

ⓐ

＊完熟したイチジクが美味しいですよ。
＊イチジクによって甘さや色が違い、大きさもさまざまで使う数が違ってきます。バランスよく調整してください。

ハーバリウム

柔らかさギリギリの食感を楽しむためのビン詰。
透明感の中にハートを散りばめて贈ります。

材　料　…オリーブのビン 2 本分

〈アガー液〉
アガー　　　　　　　　2g
水　　　　　　　　　200cc
上白糖　　　　　　　　30g
キルシュワッサー　　小さじ 2

お好みのフルーツ　　　適量

準備
◆ アガーと上白糖をボウルに入れ、よく混ぜておく。
◆ フルーツは、5 ミリ厚さにスライスして、好みの型で抜いておく。

つくりかた
1　アガーと上白糖を混ぜたものに少しずつ水を入れよく溶かし、電子レンジで 2 分加熱してかき混ぜ、さらに 1 分加熱して泡が立ち始めたら取り出してよく混ぜて溶かす。
2　大きめのボウルに氷水を入れてアガー液の入ったボウルの底をつけて静かに混ぜながら冷やして粗熱を取り、お好みでキルシュワッサーを加える。
3　とろみがついてきたらビンに流し入れ、何度かにわけてそっと竹串でフルーツを入れて ⓐ 冷やす。

＊ある程度固まらないとフルーツが底に沈んでしまい途中に固定されないので、アガー液の様子を確認しながら入れてください。
＊容器はお好みで楽しんでください。

春の雪

健康によい甘酒を使い、春先に降る雪をイメージして、ほんのり麹が香る和菓子をつくってみました。

材　料 …流し缶 11 × 14 × 4.5cm

〈羊羹生地・寒天液〉
粉寒天	3g
水	200cc
上白糖	70g

A
こしあん	50g
甘酒	50cc

B
甘酒	小さじ1½
水	70cc

＊切り方をかえると、雰囲気もかわります。

つくりかた

1. 分量の水に寒天を振り入れて5分ほど置く。電子レンジで3分加熱して寒天を沸騰させてよく溶かす。沸騰が足りなければ、少し時間を足して沸騰させる。
2. 1に上白糖を加えて混ぜ、レンジで30秒加熱してよく溶かす。
3. 2を半量にわけ、片方にAを入れてよく溶かし❶、粗熱を取ってとろみが出たら流し缶に流し入れる。
4. 残りの半量にBを加えよく混ぜ、3の表面が少し固まりかけたところにとろみのついたB液を上からそっと流し入れて❺冷やし固め、取り出して切り分ける。

＊甘酒は、粒のあるものを使います。
＊甘酒の粒が沈殿しないように、とろみがついてから流し入れます。

伝統的な素材を守ることは、
未来へつなぐこと

和菓子は、古来日本国内に産する素晴らしい素材を今も大切に守り続け、使われています。それは、小豆や蕨粉や葛粉です。中でも蕨粉や葛粉は、植物の根から抽出するでんぷん質で、とても大変な作業を繰り返しながらつくられたものです。現在はまだ国内で生産されていますが、消費が少なくなるとそのような貴重な素材も消えていってしまうかもしれません。たくさんの人々が関わり伝えてきた大切なもの。この本から、その良さと貴重さを次の世代に伝える一助になればと願っております。

夏牡丹

葛は、昔から使われていた滋味深い素材で、ぷるんとした食感が特徴です。透明な素材が夏に涼しさを感じさせるため、和菓子屋では、夏の定番菓子となっています。ここでは、中あんをフルーツ味にしました。うちでつくるオリジナルレシピ。

材料 …6コ

〈生地〉
本葛粉	40g
水	160cc
上白糖	80g

〈中あん〉
白あん	60g
マンゴパウダー	小さじ1½
ストロベリーパウダー	小さじ1½
レモンパウダー	小さじ1½
色粉（赤・青・黄）	少々

準備

◆ 白あんは、電子レンジで40秒加熱し水分を飛ばして3等分する。それぞれ、マンゴーパウダー（黄）、ストロベリーパウダー（赤）・レモンパウダー（青）を混ぜ込んで風味を出し、少量の水で溶いた色粉で色を整え、2つずつに丸める。

つくりかた

1. 本葛粉を入れたボウルに水を入れてよく溶かし、上白糖を加えてさらに溶かす。
2. 1を電子レンジで1分加熱し、さらにレンジで30秒加熱し取り出してよく混ぜ❶、さらに30秒加熱しては混ぜてを3〜5回繰り返して透明なリボン状に落ちる感じにする❷。
3. 濡れたスプーンの裏でさっと濡らしておいたラップに、生地を濡らしたスプーンですくって落とす。中あんをのせて❸、茶巾絞りの要領で口を閉じて❹、冷水をはったボウルに落として冷やす❺。
4. 固まったら食べる直前に氷水なら約10分、冷蔵庫なら約30分冷やしてからラップをそっとはずして盛りつける。

＊中あんがしっかり葛の中心に入るように包むのがコツです。冷やしすぎると硬くなるので、注意してください。

琥珀羹

和菓子屋の琥珀羹は、クチナシなどで琥珀色を出したものですが、ここではほうじ茶を使って琥珀色を出しています。ほんのり苦い大人の味です。

材　料　…8切れ（流し缶 11 × 14 × 4.5cm）

〈寒天液〉
寒天　　　　　　　　　　　　　　　　3g
ほうじ茶　　　　　　　　400cc（茶葉10g）
上白糖　　　　　　　　　　　　　　150g

準　備
◆ 茶葉に熱湯を入れて濃いめのほうじ茶をいれ、クッキングペーパーなどで漉して400ccを準備し、冷ましておく。

つくりかた

1　ボウルに入れた冷ましたほうじ茶の中に寒天を振り入れて5分おき、電子レンジで3分加熱する。沸騰が足りなければ1分加熱して寒天を沸騰させ、よく溶かす。

2　1に上白糖を入れて混ぜ、レンジで30秒加熱して取り出しよく溶かす。

3　大きめのボウルに氷水を入れて寒天液の入ったボウルの底をつけて静かに混ぜながら人肌になるまで冷まし、流し缶に入れて固める。

4　流し缶から取り出して 、切って盛りつける。

＊私は、ほうじ茶の中でも香りのよい加賀棒茶を使っています。
＊寒天を切るときは、包丁の重さで上からスコンと切りおろします 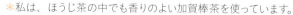。

夏衣

和菓子職人が考え出した、いかにも涼しげな意匠のお菓子。あんに寒天を巻きつけただけの昔からの夏の和菓子ですが、ここではアガーを使ってみました。

材　料　…4コ（バット 約14×20×2cm）

〈アガー液〉
アガー	10g
上白糖	40g
水	100cc
道明寺粉	2g
（水　小さじ2）	

〈中あん〉
白あん	120g
ストロベリーパウダー	小さじ3
レモンパウダー	小さじ3
色粉（青・赤）	少々

準　備
- アガーと上白糖をボウルに入れ、よく混ぜておく。
- 白あんを電子レンジで1分加熱して水分を飛ばして2等分し、片方にストロベリーパウダーを入れよく混ぜ、少量の水で溶いた赤色粉を入れてピンク色にする。もう片方にはレモンパウダーを入れよく混ぜ、少量の水で溶いた青色粉で青色にし、俵型に2コずつ丸めておく。
- 道明寺粉に分量の水を入れ、ふやかす。

つくりかた
1 アガーと上白糖を混ぜたものに分量の水を少しずつ入れて溶かし、ふやかした道明寺粉も入れて電子レンジで1分加熱して取り出してはかき混ぜる。これを繰り返し泡が立ち始めたらレンジを止めてよく溶かす。
2 アガー液をバットに流し入れて冷やし固め 、短冊形に4等分する。
3 2に中あんをのせて巻き込み 、余った端の部分を包丁で切り落とす。

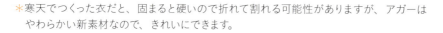

＊寒天でつくった衣だと、固まると硬いので折れて割れる可能性がありますが、アガーはやわらかい新素材なので、きれいにできます。

葛焼き

身体の熱を取ってくれる作用のある葛。喉ごしよくやさしい味で程よいやわらかさ、身体にしみわたる美味しさです。

材　料　…6切れ（流し缶 7.5 × 12 × 4.5cm）

〈生地〉
本葛粉	30g
水	140cc
上白糖	40g
ミントリキュール	30cc
片栗粉	適量
サラダオイル	適量

つくりかた

1　本葛粉を入れたボウルに水を入れてよく溶かし、上白糖を加えてさらに溶かす。ミントリキュールを加えて電子レンジで1分加熱して木べらでしっかり混ぜ、さらに30秒加熱して木べらで混ぜる。透明になりリボン状に落ちる感じになるまで6回ほど繰り返す。

2　流し缶に流し入れて生地表面を中板で平らにならし ⓐ、氷水をはったバットで冷やす。

3　固まったら片栗粉を敷いたバットに濡らした包丁で型の四方を削ぎ落として取り出して ⓑ 6等分する。それぞれまわりに片栗粉をまぶし、余分は刷毛で落としておく。

4　ホットプレートを130度に温め、サラダオイルをうすく敷いてこがさないように六面とも焼き ⓒ、網の上で冷ます。

＊葛焼きは葛とあんをねってつくりますが、ミントリキュールを入れてやわらかな葛焼きを考案しました。
＊片栗粉にかえて、あたり鉢であたった本葛粉や上新粉をまぶして焼いてもよいでしょう。
＊焼き上げたあとは網の上で自然に冷ましてください。冷蔵庫にいれると固くなってしまい食感がそこなわれます。

水鉢

ねりきり生地で水鉢をつくり、金魚を泳がせた意匠を和菓子で表現。なつかしさを誘うお菓子です。

材料 …6コ

〈ねりきり生地〉
白あん	150g
ぎゅうひ	10g
水あめ	3g
黒すりゴマ	適量
色粉（赤）	少量
抹茶	少量

〈中あん〉
こしあん	60g

〈寒天液〉（うち約30cc使用）
粉寒天	1g
水	100cc
上白糖	30g

準備

◆ ねりきり生地をつくる（61頁参照）。ここからねりきり生地15gを別取りし、そのうち3gを水溶きした色粉で赤く染めて金魚を6匹つくる（21頁参照）。残り12ｇはぬるま湯で溶いた抹茶で緑に染め、大小6コずつに丸めてつぶして A 包丁で一部を三角に切り取って B、蓮の葉をつくる。

◆ 中あんは30秒電子レンジで加熱して混ぜ6等分して丸めておく。

A　　B

つくりかた

1　ねりきり生地の残りに黒すりゴマを加えてねり、6等分して包餡する（54頁参照）。

2　たまごを使って水鉢の凹みの部分をつくる ⓐ。

3　寒天液はボウルに入れた分量の水に寒天を振り入れて5分ほど置き、電子レンジで1分加熱して溶かす。沸騰が足りなければ、時間を少し足して沸騰させる。

4　3に上白糖を入れて混ぜ、レンジで数秒加熱して溶かす。

5　寒天液の粗熱が取れたら、寒天液を水鉢の凹みにそっと流し入れて ⓑ、金魚と葉っぱを飾って固める。

ⓐ　　ⓑ

＊寒天液はつくりやすい量を示しています。実際に使用する量は約30ccです。
＊残った寒天液は冷凍しておき、使うときに少し水を足してレンジで戻して使うことができます。

みぞれ羹

夏になると店先で見かける、見た目に涼しさを演出した冬の風情。残り雪に積もるみぞれを表現してみました。

材料 …6切れ（流し缶 11 × 14 × 4.5cm）

〈羊羹生地〉
白あん	100g
粉寒天	1g
水	100cc
上白糖	70g

〈みぞれ液〉
道明寺粉	15g
（水 50cc）	
粉寒天	1g
水	150cc
上白糖	40g
生姜5gの絞り汁	3滴ぐらい

準備
- 分量の水に道明寺粉を振り入れて約5分ふやかしA、蓋をして電子レンジで1分加熱し、やわらかくしておく。
- 生姜をすりおろしておく。

A

つくりかた
1. 羊羹生地はボウルに入れた分量の水に粉寒天を振り入れ5分ほど置き、電子レンジで2分加熱する。沸騰が足りなければ少し時間を足して沸騰させる。
2. 上白糖を入れて混ぜ、レンジで30秒加熱し取り出してよく溶かす。
3. 白あんを少しずつ溶き入れて粗熱を取り、流し缶に流し入れる。
4. みぞれ液はボウルに入れた分量の水に寒天を振り入れ5分ほど置き、電子レンジで2分加熱する。足りなければ1分加熱して寒天を沸騰させてよく溶かす。
5. 4に上白糖を入れてよく溶かし、ふやかした道明寺粉も混ぜ込む。さらにレンジで30秒加熱してよく溶かし、粗熱が取れたら生姜の絞り汁を入れ、とろみがつくまでかき混ぜる。
6. 3が固まりかけたところで、道明寺粉入りのみぞれ液を流し缶に流し入れる ⓐ。
7. 固まったら流し缶から取り出し、切り分ける。

ⓐ

＊みぞれ液は、道明寺粉が沈殿してしまうので、とろみがついてから入れます。

蕨もち

手づくりでいちばんお勧めなのが蕨もちです。本蕨粉を使った蕨もちをすぐに食べられることは、贅沢な味わいです。

材料 …6コ

〈蕨もち生地〉
本蕨粉　　　　　　15g
水　　　　　　　　75g
グラニュー糖　　　50g

〈中あん〉
こしあん　　　　　150g
きな粉　　　　　　適量

準 備
◆ 生地に合うように少し水を足してやわらかくしたこしあんを6等分して丸めて冷蔵庫で冷やしておく。

つくりかた

1　ボウルに入れた本蕨粉に分量の水を加えてよく混ぜて溶かし、グラニュー糖を入れさらに混ぜる❶。

2　フタをして電子レンジで約30秒加熱して木べらでよく混ぜ、グラニュー糖を溶かす。

3　さらにレンジで30秒加熱し取り出してよく混ぜ、さらに30秒加熱しては混ぜてを3〜5回繰り返して生地をつくる。にごっていた生地が透明になり、強い粘りが出てくるのが目安❷。

4　ふるったきな粉の中に生地を落とし入れ❸6等分し、きな粉を手粉にして包餡し❹❺❻、きな粉の中に転がしておく。

5　食べる直前に、冷蔵庫で冷やしてきな粉をふって盛りつける。

包餡（ほうあん）のしかた

❹ 丸めた中あんに少し広げた蕨もち生地を上からのせる。

❺ 親指と人差し指で輪をつくり、上から生地をくるんと押し下げて包餡する。

❻ つまむようにとじる。

桜羹

サクラリキュールをたっぷり入れた大人の味。春爛漫の桜の頃につくってみたい、華やかな和菓子です。

材 料 …8切れ（流し缶 11 × 14 × 4.5cm）

粉寒天	4g	桜の塩漬け	8〜16片
水	400cc		
グラニュー糖	100g		
サクラリキュール	50cc		

準 備
◆ 桜の塩漬けは水にはなして塩抜きし、菜箸で花をそっと広げておく。

つくりかた

1　ボウルに入れた分量の水に寒天を振り入れて5分ぐらい置き、電子レンジで3分加熱する。足りなければ1分加熱して寒天を沸騰させよく溶かす。

2　1にグラニュー糖を入れて混ぜ、レンジに30秒かけて取り出してよく溶かす。

3　大きめのボウルに氷水を入れて寒天液の入ったボウルの底をつけ、静かに混ぜながら人肌に冷ましてサクラリキュールを加えて混ぜる。流し缶に流し入れて桜の花を散らして菜箸などで花を開かせ ⓐ 冷やして固め、取り出して切り分ける。

＊寒天液の中で、桜の花びらを小刻みに揺すって、花びらを開かせるとよいでしょう。
＊桜の花びらは、バランスを見ながら1切れに1〜2片を散らします。

ひんやり夏和菓子　素材の基礎知識と扱いかた

寒天とアガー

寒天

寒天は、海藻のテングサなどから煮出した粘液質を冷凍乾燥させたものです。産地としては寒冷な長野県が有名です。入手しやすい寒天として、粉寒天・角寒天・糸寒天があります。粉寒天は高純度で溶けやすい性質のため扱いやすく、角寒天・糸寒天は水につけてから煮溶かし、裏漉しするとなめらかに仕上がります。

扱いとしては、先に砂糖を入れて煮溶かそうとすると寒天自体が充分に溶解せず凝固しづらくなるため、砂糖を入れない状態で沸騰させ溶かしてから砂糖を加えるようにしてください。砂糖を入れずに固めると白濁しますが、加えると透明になり離水しにくくなります。また、酸性のものと合わせるときは、寒天を溶かした液の粗熱を取ってから加え、手早く混ぜ合わせます。

アガー

アガーは、透明度が高く光沢の美しい無味無臭のゼリーです。カラギーナンという海藻やローカストビーンガムというマメ科の種子の抽出物からできており、洋菓子だけでなく和菓子や料理の素材としても多く使われるようになりました。ゼラチンと違い常温で固まり、夏場も溶け出さないので、持ち運びに便利な素材。寒天とゼラチンの間のプルンとした食感です。90度以上の温度で溶けますが、沸騰させなくても大丈夫です。果汁など、酸味の強いものは一緒に煮立てると固まらなくなることがあります。

＊粉寒天の扱いの基本

500ccの水に対して、粉寒天4g

粉寒天は分量の水に振り入れて ⓐ5分ほど置いてふやかし、電子レンジで3分加熱して寒天を沸騰させて溶かすⓑ。沸騰が足りなければ、再加熱して溶かす。寒天が溶けたら上白糖を入れて混ぜⓒ、電子レンジで30秒加熱してよく溶かす。

本書では最も扱いやすい粉寒天を使っています。

＊棒寒天の扱いの基本

500ccの水に対して、棒寒天1本(8g)

2〜3時間水に浸してふやかし、適当な大きさにちぎって水気を絞り、分量の水に入れて加熱して溶けて透明感がでるまでしっかり煮溶かす。最後に裏漉しをするとよい。

＊糸寒天の扱いの基本

500ccの水に対して、糸寒天7〜8g

1〜2時間水に浸してふやかし、水気を絞って分量の水に入れて加熱し、透明感がでるまでしっかり煮溶かす。最後に裏漉しをするとよい。

＊アガーの扱いの基本

アガーと上白糖はよく混ぜ合わせⓐ、ここに少しずつ水を入れてダマにならないように溶かしⓑ、電子レンジで2分→1分とこまめに時間を区切って加熱し、そのつど取り出してかき混ぜる。泡が立ち始めたらレンジから取り出してよく混ぜる。

ひんやり夏和菓子 素材の基礎知識と扱いかた

本葛粉と本蕨粉

本葛粉（吉野本葛）

葛は『万葉集』の時代から秋の七草に数えられる日本各地に生育しているマメ科のツル性の植物です。その製法は、秋から冬にかけて地中深く生えている根を掘り起こして繊維状に粉砕して水と混ぜ、根に含まれるデンプンをもみだします。吉野晒という吉野地方独自の製法で精製したものが吉野本葛と呼ばれます。1kgの葛根から製品としてできあがる葛粉はおよそ100g。現在では根を掘る人も、良質の葛根が掘れる山も少なくなって、江戸時代にデンプンの主流であった葛粉も今では高価なものとなってしまいました。冷蔵庫で冷やしすぎると硬くなってしまい、アガーなどと比べ気を使いますが、日本古来の素晴らしい素材です。ご家庭でつくるからこそ本物の醍醐味を味わうことができます。

本蕨粉

蕨粉は葛同様、山菜のわらびの根から取り出したデンプンです。蕨もちとして市場に出回っているもののほとんどのものがサツマイモやタピオカなどのデンプンなどでつくられていて、本当の国産の蕨粉は生産量も少なく高価なものになっています。高純度の本蕨粉でつくったものは、つくった直後から劣化が急速に進みます。そのため美味しく召し上がれるのはわずかな時間。手づくりの蕨もちは最高の贅沢といえますね。

ねりきり生地のつくりかた

● ねりきり生地のつくりかた

材　料

白あん	150g
ぎゅうひ	10g
水あめ	3g

1. 白あんをゴムべらで表面積が広くなるように切り込みを入れ山切りにし、フタをせずに電子レンジに約2分かけ、「パチパチ」と音がしたら取り出してムラ焼けしないように混ぜる。
水分の様子を見ながらさらに熱（1〜2分）を加える。加熱と混ぜ込みを繰り返してべたつかないようになるまで水分を飛ばす。
2. ぎゅうひを加える。
3. 木べらにかえてよくねり、粘土状になってまとまってきたら乾燥をふせぐために水あめを加えてねり込む。
4. これくらいの硬さになればよい。

● ねりきり生地の染めかた

1. ねりきり生地と数滴の水で溶かした色粉を準備する。
2. ねりきり生地に溶かした色粉をつけ、もみ込むようにねり込む。
3. 量が多いときには、スクレパーを使うと便利。

ぎゅうひのつくりかた

材　料（出来上がり70g）

白玉粉	20g
水	40cc
上白糖	40g
片栗粉（手粉用）	少々

1. ボウルに白玉粉と水を少しずつ入れて耳たぶくらいになるまでよくねり、残りの水を加え溶かしてさらに上白糖を入れて混ぜる。
2. フタをして電子レンジで加熱（約1分）してしっかりかき混ぜ、さらに加熱（約30秒）して透明感が出てねばりが出るまでしっかりかき混ぜる。
3. 片栗粉を敷いたバットに取り出し、手粉をしてねりきりの生地用に10g量る。残りは10gずつに小分けして冷凍保存し、使うときに解凍するとよい。

これくらいのねばり加減にする

材 料

本書で紹介した夏和菓子の主な材料は、寒天・アガー・本葛粉・本蕨粉です。これらに甘味・色味・風味を加えて冷やして固めてつくります。和菓子独自の素材に、洋菓子などに使用される材料で風味を出すと、思いがけない夏和菓子が生まれます。ここで紹介したレシピにあなたのアイデアを加えて、あなただけのお菓子づくりにチャレンジしてみてくださいね。

かんてんクック（伊）

イナアガーA（伊）

吉野本葛（井）

本わらび粉（富）

水あめ（富）

桂花陳酒

氷シロップ（富）
（メロン・いちご）

リキュール（富）
（ミント・サクラ）

ナポレオンチェリー（富）

色粉

A：スーパーでも入手できる発色のよい色粉
B：天然色素。色のトーンが少し落ちる

道 具

和菓子づくりの基本の道具であるボウル・ゴムべらや木べら、ハカリや電子レンジに加えて、生地を流し固めることの多い夏和菓子の道具は、流し込む型が必要となります。玉子豆腐をつくる流し缶や、可愛らしいかたちの製氷皿、そして、豆腐やもずくの入っていた容器なども手頃な大きさで使いやすい流し型となります。

中あん・ねりきりの材料

こしあん（富）

白あん（富）

流し缶（富）
玉子豆腐器という名称でも販売されている流し缶。扱いやすく清潔なステンレス製のものが主流

製氷皿
丸いかたちに固められる製氷皿。ほかにも六角形や星型なども

ボウル大小（径15cm、13cm）（岩）
電子レンジ対応フタつき耐熱樹脂のボウル。耐熱ガラスボウルでも可

ゴムべら
粉を混ぜるときに

木べら
蕨もちの生地など、ねばりのつよい生地を混ぜるときに

流し型と抜き型
透明なプラスチック製の流し型は、型紙を敷いて大きさを確かめながらお菓子づくりができる

(伊)伊那食品工業株式会社、(井)株式会社井上天極堂、(岩)岩崎工業株式会社、(富)株式会社富澤商店の商品です。
撮影協力：株式会社壷々炉 銀座ショールーム（40・43頁）、岩崎工業株式会社
材料協力：伊那食品工業株式会社、株式会社井上天極堂、株式会社富澤商店

鳥居 満智栄 とりい まちえ
創作和菓子研究家

東京生まれ。多摩美術大学グラフィックデザイン科卒業。「あんこを練るのね！ マチエさん」から友達が名付けてくれた創作和菓子教室「アンネルネ マチエル」主宰。
和でも洋でもなく可愛くてアイデアに富みデザインセンスもよく、今までにない簡単で新しい和菓子を提案し評判となり人気教室に。老舗和菓子店とのコラボや、企業イベント等の体験レッスン、広告等の撮影用和菓子制作を行い、ジャンルを超えて活動の輪を広げて活動中。J:COM 東京「季節を感じる和菓子」TV出演。著書に『恋する和菓子』（じゃこめてい出版）、『電子レンジで手軽にカンタン おうちで作る和菓子レシピ12か月』『電子レンジで簡単！ 季節を遊ぶねりきり和菓子』（淡交社）など。新しい和菓子のジャンルとして、「FOOD ART JAPAN」の立ち上げに参画。一般財団法人生涯学習開発財団の認定証を取得できる「デコ和菓子認定講座」を主宰し、和菓子の普及とインストラクターの育成に力を入れている。

一般財団法人生涯学習開発財団認定「デコ和菓子認定講座」情報
http://pinknoise0.wix.com/annerner

ホームページ	https://www.annerner.com
フェイスブック	https://www.facebook.com/annerner/
ブログ	https://ameblo.jp/annerune
インスタグラム	https://www.instagram.com/wagashi.deco/

アシスタント / 遠藤由美子・小笠原千佳・朱蜀娟・松下好恵（デコ和菓子認定講師）

電子レンジで簡単！
ひんやり夏和菓子

2018年6月26日 初版発行

著 者　　鳥居満智栄
発行者　　納屋 嘉人
発行所　　株式会社 淡交社
　本 社　〒603-8588 京都市北区堀川通鞍馬口上ル
　　　　　電話（営業）075-432-5151
　　　　　　　（編集）075-432-5161
　支 社　〒162-0061 東京都新宿区市谷柳町39-1
　　　　　電話（営業）03-5269-7941
　　　　　　　（編集）03-5269-1691
　　　　　www.tankosha.co.jp
印刷・製本　　株式会社ムーブ

©2018　鳥居満智栄　Printed in Japan
ISBN978-4-473-04254-5

定価はカバーに表示してあります。
落丁・乱丁本がございましたら、小社「出版営業部」宛にお送りください。送料小社負担にてお取り替えいたします。
本書のスキャン、デジタル化等の無断複写は、著作権法上での例外を除き禁じられています。
また、本書を代行業者等の第三者に依頼してスキャンやデジタル化することは、いかなる場合も著作権法違反となります。